AF246053

EDITIONS

DES

AUTEURS LATINS,

POÈTES, HISTORIENS,

ORATEURS, PHILOSOPHES, &c.

Qui composent la Collection de BARBOU, *rue des Mathurins.*

Les Editions des Auteurs Latins imprimés par les *Elzevirs*, si recherchées pour leur élégance, si commodes par leur format, devenoient plus rares de jour en jour, & peu de gens pouvoient parvenir à les compléter. M. *Lenglet Dufresnoy* conçut en 1743, le dessein de suppléer à la rareté de ces Editions, en faisant réimprimer toute la suite des mêmes Auteurs Latins, en petits *in-12*, &, s'il se pouvoit, aussi proprement que les Elzevirs.

Son projet fut goûté de plusieurs Libraires qui, publierent successivement Catulle, Tibulle & Properce réunis dans un seul volume, Lucrece, Salluste, Virgile, Cornelius Nepos, Phedre, Horace, Patercule, Eutrope, Juvénal, une seconde Edition de Phedre fort supérieure à la premiere, & Martial.

On paroissoit en rester là, quand BARBOU, résolut de poursuivre l'entreprise. Il acquit, pour cet effet, le fond des Auteurs déja publiés par différents Libraires, & ces Auteurs ont été la base de la belle Collection qu'il continue de former. Il a depuis publié lui-même César, Q. Curce, Plaute, Tacite, Ovide, Lucain, Cicéron, Justin, Pline le jeune, Tite-Live, &c. ainsi que d'autres livres modernes qui ne déparent point cette suite. Il a encore réimprimé la plupart des précédents Auteurs qui manquoient, & les nouvelles Editions, ne le cedent aux premieres, ni pour la correction, ni pour l'exécution typographique.

Notice des Livres, suivant l'ordre des Genres & des Editions.

Novum Jesu Christi Testamentum, ad Exemplar Vaticanum accuratè revisum. 1767. Ce volume de 572 pages est orné d'une fort belle Estampe ; elle représente le Prophète Isaïe, qui paroît dicter à S. Jean son sublime Exorde. On y trouve aussi une Chronologie du nouveau Testament, avec une Carte Géographique. Pour donner le texte le plus correct, on l'a conféré avec celui du Vatican ; & deux hommes de lettres, connus par leur exactitude, ont apporté toute leur attention à la lecture des épreuves.

De Imitatione Christi, Libri quatuor ad octo Manuscriptorum ac primarum Editionum fidem castigati, & mendis plus sexcentis expurgati, ex recensione J. Valart. 1758-1764-1773. (1 vol.) Cette nouvelle Edition que l'on peut regarder comme la premiere dans ce genre, est exécutée avec tout le soin qu'exigeoit le mérite du livre ; & elle est ornée de cinq belles Planches.

LES POETES.

CATULLUS, TIBULLUS & PROPERTIUS pri-
stino nitori restituti, & ad optima exemplaria emen-
dati. Accedunt fragmenta Cornelio Gallo inscripta.
1743-1754. (1 vol.) L'Abbé Lenglet a présidé à
la réimpression de ce livre. Le texte de Catulle est formé sur la belle édition de Venise
donnée par *Corradini* en 1738. Comme ce Poète
est rempli d'expressions singulieres ou d'un usage
assez rare, on les a expliquées dans une Table
alphabétique. On s'est servi, pour épurer les
textes de Tibulle & de Properce, des corrections des meilleurs Critiques & sur-tout des
Leçons de *Joseph Scaliger*. Les véritables
Poésies de Gallus, sont à la suite de Properce,
avec les six Elégies du faux *Maximien*. Les trois
premiers Poètes sont décorés chacun d'un joli
frontispice & de quelques autres ornements.

Publii Virgilii Maronis Opera. 1743. (3 vol.)
1767. (2 vol.) L'Edition de 1743 étoit en 3 vol.
mais suivant le conseil de plusieurs gens de Lettres, on a réduit en 2 vol. celle de 1767. Cette
derniere Edition, ornée de 18 Estampes dessinées
& gravées par les meilleurs Artistes, contient
la Vie de Virgile, les Eclogues, les Géorgiques,
l'Enéide, le *Culex*, le *Ciris* & les *Catalecta*. On
y a ajouté une Piece qui ne se trouve pas dans
l'Edition de 1743; c'est le Supplément à l'Enéide
par *Maphée Vegio*, célebre Ecrivain du quinzieme
siecle, natif de Lodi, Dataire du Pape *Martin V*,
& Chanoine de S. Jean de Latran. On a employé pour cette Edition un caractère tout neuf;
les vers n'y doublent point : le blanc qu'on a
jeté entre chaque ligne, donne à l'Ouvrage un
coup d'œuil très-élégant & très-agréable.

Titi Lucretii Cari de Rerum Natura libri sex
1744 - 1754. (1 vol.) On trouve à la tête
du livre la Dissertation de *Lambin* sur la pa-
trie, la naissance, le génie, la vie, la mort
& les écrits de Lucrece. Chaque livre du Poè-
me est précédé d'un argument analytique qui
en met sous les yeux toute la substance. Le
volume est terminé par de bonnes Variantes.
Cette édition, bien exécutée quant à la partie
typographique, est encore ornée de belles Estampes qui représentent les sujets les plus pit-
toresques de chaque livre.

Q. Horatii Flacci Carmina, *deterfis recentibus*
plerumque maculis, nitori suo restituta. 1746 -
1763 - 1775. (1 vol.) On a conféré pour
cette édition plusieurs manuscrits de Sorbonne
& de la Bibliothéque du Roi, sur lesquels on
a rétabli les anciennes leçons. On a apporté
toute l'attention possible pour la correction &
pour l'exécution typographique.

Auli-Flacci-Persii, D. Juvenalis & Sulpiciæ
Satyrarum, nova editio diligenter recognita. 1776.
(1 vol.) Au commencement du volume, est la
savante Dissertation de *Nicolas Rigault*, sur la
Satire de Juvénal, adressée à Jacques-Augusfe
de Thou. On a joint à ces deux Poètes la Satire de *Sulpicie*. Les Gravures consistent en deux
frontispices, & en plusieurs vignettes.

Phædri, Augusti liberti, Fabulæ. Ad manuscriptos
codices, & optimam quamque editionem emendavit
Steph. And. Philippe. Accesserunt Notæ ad calcem.
1754. (1 vol.) L'ancienne édition de l'Abbé *le*
Mascrier, étoit bornée aux seules Fables de Phedre ; celle-ci contient la Vie de cet Auteur, par
JeanSchœffer de Strasbourg; le Catalogue des éditions de Phedre ; un bon choix de Variantes sur

ce Fabuliste ; les cinq livres des Fables , avec celles qui ont été retrouvées par *Goude* ou *Gudius* ; un *Appendix* composé de Fables latines en prose & en vers , de différents Auteurs , sur divers sujets traités par Phedre ; le livre des Fables d'*Avienus* en vers élégiaques ; les Sentences de *Sénéque le Tragique* , & celles de *Publius Syrus* , rangées ensemble par ordre alphabétique , avec la Préface de *Lefebvre* & les Notes de *Jean Gruter*. Ce livre est , pour l'impression & le papier , d'une beauté peu commune : il est de plus orné d'un frontispice , d'un fleuron , de plusieurs vignettes & de quelques culs de lampe , dont les sujets sont tous relatifs aux Fables de Phedre & d'Avien.

M. Valerii Martialis Epigrammatum Libri , ad optimos codices recensiti & castigati. 1754. (2 vol.) On trouve ici jusqu'aux Epigrammes attribuées à Martial dans quelques manuscrits , mais séparément & à la fin du second Tome , avec de nombreuses Variantes. Ce livre est orné d'un frontispice & de deux vignettes qui caractérisent l'Auteur.

Theodori Bezæ, Vezelii, Poemata. — Marci-Antonii Mureti Juvenilia. — Joannis Secundi, Hagiensis, Juvenilia. — Joannis Bonefonii, Arverni, Pancharis & Pervigilium Veneris. 1757. (1 vol.) On voit d'un coup d'œuil que le goût , autant que l'amour des Lettres , a présidé à la réunion & au choix de ces Poésies remplies d'agréments. Ce volume est décoré des portraits ou médaillons de Beze & de Muret excellemment gravés par le S. *Ficquet*.

Sarcotis, & Caroli V. Imp. Panegyris , Carmina ; tum de Heroica Poesi Tractatus , auctore Masenio. Adjecta est Lamentationum Jeremiæ Paraphrasis ,

auctore D. Grenan , Editio altera. 1757-1771.
(1 vol.) Comme on a prétendu que Milton
avoit pris le fond de fon *Paradis perdu* dans la
Sarcothée de Mafénius , on retrouve ici les pieces inférées à ce fujet dans le Journal étran-
ger & dans les mémoires de Trévoux. Après
ces pieces , viennent un Traité de la Poéfie hé-
roique , la Sarcothée & le Panégyrique de Charles-quint par Mafénius. Le Traité de la Poéfie
eft puifé dans les meilleures fources ; on voit
que Mafénius connoiffoit parfaitement les anciens , puifqu'il difcute avec un goût exquis
leurs beautés & leurs défauts. Le Panégyrique
de Charles-quint ne le céde pas à la Sarcothée. Ces deux Poëmes font des exemples des
regles que l'Auteur a pofées dans fon Traité
de la Poéfie. Ce volume eft terminé par l'excellente Paraphrafe en Vers des Lamentations
de Jérémie , compofée par M. Grenan , célébre
Profeffeur dans l'Univerfité de Paris. [4 *liv.*]

*Matthiæ Casimiri Sarbievii Carmina. Nova
Editio prioribus longè auctior & emendatior.* 1759.
(1 vol.) Cet excellent Poète lyrique , que
Grotius mettoit à côté d'Horace , & qui a été
réimprimé tant de fois , n'a jamais été si com-
plet ni si foigné que dans cette édition. Les Epo-
des font augmentées ici de près de moitié ; les
6 & 7e livres paroiffent pour la premiere fois.
Ces augmentations font le fruit des recherches
faites en Pologne & en Lithuanie , par M. *Van-
der-ketten* , Chanoine régulier de l'Ordre de
S. Sauveur. Ce volume eft enrichi d'une Table
hiftorique & géographique , qui répand bien du
jour fur ces Poéfies. [4 *liv.*]

Marci Accii Plauti Comœdiæ quæ fuperfunt.
1759. (3 vol.) Feu M. *Capperonnier* , Garde

de la Bibliothéque du Roi, Profeſſeur royal, &c. eſt l'auteur de cette édition. M. l'Abbé *Valart* y a aussi quelque part. Ce livre eſt ſans contredit un des plus parfaits de la Collection pour l'élégance du caractere, la correction, la propreté, le grand net, & la beauté des ornements. Le texte eſt d'une pureté singuliere ; les noms des Interlocuteurs, dans chaque piéce, ſont hors ligne & diſtingués, comme dans nos Dramatiques françois. Chaque volume eſt décoré d'un frontispice & d'une vignette gravés d'après les deſſins de M. *Eiſen*. A la fin du troisieme Tome, eſt une Table alphabétique où ſont expliqués les mots & les tours particuliers de Plaute ; cette Table facilite beaucoup l'intelligence de ce Comique, & peut tenir lieu de notes. On y a joint un Catalogue des principales éditions de Plaute.

Publii Ovidii Naſonis Opera quæ ſuperſunt, 1762. (3 vol.) Les Editions les plus eſtimées de ce poëte, c. a. d. celles de *Nicolas Heinsius* & de *Burman* ont ſervi de baſe à celle-ci ; mais on y a joint d'excellentes corrections copiées ſur un exemplaire d'Ovide qui avoit appartenu à Politien, & que l'on conſerve à Florence dans la Bibliothéque Laurentine, corrections communiquées par M. *Heerkens*, ſavant de Groningue. Les Erotiques qui compoſent le premier Tome, avec une partie des Fragments, ſont précédés de la Vie abrégée du Poëte d'après celle de *Jean Maſſon*. A la fin des Métamorphoſes qui forment le ſecond Volume eſt une Table exacte des Fables & de toutes les choſes remarquables. Le troisieme Tome eſt terminé par un Catalogue des principales éditions d'Ovide. Dans celle-ci chaque Volume eſt orné d'une Eſtampe & d'une Vignette gravés

fur les deffins de M. *Eifen*. On en trouve
l'explication à la fin du fecond Volume.

*M. Annæi Lucani Pharfalia cum Supplemento
Thomæ Maii* 1767. Cette Édition imprimée avec
le même caractère & la même élégance que le
Virgile, eft décorée d'une Eftampe agréable,
qui repréfente le paffage du Rubicon par Céfar.
Un fommaire placé à chaque livre du poëme
en indique les principaux détails. A la fuite du
poëme eft l'effai poétique de Pétrone fur la
guerre civile, & le fupplément de Thomas May,
poëte Anglois du dix-feptieme siecle. Ce fupplément contient toute la fuite de la guerre
civile jufqu'à l'affassinat de Jules Céfar.

*Francifci-Jofephi Desbillons Fabulæ Æfopiæ,
curis pofterioribus, omnes fere emendatæ; quibus
accefferunt plus quam* CLXX *novæ, quinta editio.*
1769. Cette édition eft fort belle ; on y a
employé, ainfi qu'aux Lettres de Pline, le caractere dont on s'eft fervi pour le Virgile. Elle
eft faite fur la quatrieme édition publiée à
Manheim, *in-8°*; mais un mérite qu'elle a au-
deffus de celle-ci, c'eft que l'Auteur a envoyé
un exemplaire corrigé de fa main en beaucoup
d'endroits. Les épreuves ont été relues avec
foin par plufieurs gens de Lettres. Ce volume
contient 1°. une belle Préface dans laquelle font
appréciés les ouvrages des différents Fabuliftes ;
2°. plus de 500 Fables en quinze Livres ; 3°. les
fentences répandues dans ces Fables ; 4°. les
notes fur chaque Livre ; 5°. une table alphabétique des Fables ; 6°. l'explication des mots les
plus difficiles de l'ouvrage. [4 *l.*]

Jacobi Vanierii, Prædium rufticum, 1774.
(1 vol.) Cet excellent Poeme eftimé générale-
ment pour la pureté du Latin, pour la dou-

ceur & l'harmonie de la verſification, eſt im-
-primé avec le ſoin & l'élégance qu'il mérite.
Deux Hommes de Lettres ſe ſont chargés de
revoir cette belle édition, & ils n'ont rien né-
gligé pour la rendre de la plus grande correction. Deux de nos meilleurs Artiſtes Meſſieurs
Gravelot & de Longueil en ont orné le Frontiſpice d'un ſujet allégorique & très-bien rendu.

LES HISTORIENS.

Caii Salluſtii Criſpi quæ exſtant Opera. 1744-
1761-1774. (1 vol.) Ce volume, dont le Texte
vient d'être revu & corrigé par M. Beauzée de
l'Académie Françoiſe, contient la vie de l'Hiſtorien ; les Guerres de Catilina & de Jugurtha ;
deux Lettres attribuées à Salluſte, & adreſſées à
Céſar, ſur le gouvernement de la République,
les Fragmens des hiſtoires & de quelques autres
écrits de Salluſte ; la prétendue Déclamation
de Cicéron contre cet Hiſtorien ; deux Tables,
l'une des choſes & l'autre des mots, & le Catalogue des éditions de l'Auteur. Celle-ci, très-
élégamment imprimée, eſt aussi décorée de
belles Eſtampes gravées d'après M. *Cochin.*

Cornelius Nepos de Vitâ excellentium Imperato-
rum. 1745-1767. (1 vol.) La belle Epître dédi-
catoire de *Lambin,* Profeſſeur royal de la Langue
Grecque à Henri III, ſert d'introduction à ce livre. Aux 23 Vies des Hommes illuſtres, & à celles
de Caton le Cenſeur & de Pomponius Atticus,
on a joint les Fragmens des Chroniques & des
autres Ecrits de Népos ; la Chronologie des
Capitaines Grecs, par *André Schott,* mais cor-
rigée & augmentée ; celle des années de Caton
par le même ; celle de Pomponius Atticus, par

Erneſt, & un Catalogue des principales éditions de l'Auteur. Le frontispice du livre eſt orné d'une jolie Eſtampe de M. *Cochin*.

Caii Velleii Paterculi Hiſtoriæ Romanæ Libri duo. Nova editio ex collatione veterum editorum emendata. L. Annæi Flori epitome rerum Romanarum libri quatuor. (1 vol. *in-12.* 1777.) Nous ſommes redevables de cette nouvelle édition aux ſoins du ſavant M. Lallemand , qui nous a déja procuré celles de Tacite, de Pline le jeune, de Cicéron & de Tite-Live. Le texte eſt précédé de la notice de Voſſius ſur la vie & les écrits de Patercule , & d'un extrait des Annales de cet Hiſtorien , dreſſées par Dodwel. Comme ce qui nous reſte de Velleius ne fournit pas 200 pages , le ſavant Editeur a cru devoir y jondre *Florus* , avant le texte duquel il a auſſi placé ce que Voſſius a dit de Florus. Cet abrégé intéreſſant de l'Hiſtoire Romaine méritoit d'entrer dans cette collection des Auteurs Latins ; & les gens de Lettres ſauront bon gré à M. Lallemand d'en avoir donné une édition très-correcte.

Eutropii Breviarium Hiſtoriæ Romanæ. 1754. (1 vol.) Outre la pureté du texte & l'élégance typographique qui diſtinguent cette édition , on y trouve les Obſervations de *Tanaquil Lefebvre* , & deux Tables , l'une des choſes , l'autre des mots dignes de remarque. Il y a un frontispice du deſſin de M. *Eiſen*.

C. Julii Cæſaris quæ exſtant Opera, cum Hirtii ſive Oppii Commentariis de Bellis Gallico , Civili , Alexandrino , Africano & Hispan. 1755. (2 vol.) Le premier volume contient un morceau de *Vossius* le pere, ſur la vie & les écrits de Céſar ; la Guerre des Gaules ; la Diſſertation de *Dodwel* ſur l'auteur du huitieme livre de cette guerre & de celles d'Alexandrie, d'Afrique & d'Espagne, avec une Nomenclature Géographique des peuples, villes, rivieres, &c. dont les noms se trouvent dans César. Le second Tome est composé des trois livres de la Guerre Civile par César, & des trois livres d'Hirtius des Guerres d'Alexandrie, d'Afrique & d'Espagne ; auxquels on a joint le Catalogue des éditions différentes de César. Celle-ci est ornée de quatre cartes géographiques, d'un frontispice où est le médaillon de César, & de quelques vignettes.

Quinti Curtii Rufi de Rebus gestis Alexandri Magni Libri decem. 1757. (1 vol.) Le texte de Q. Curce est ici le même que celui de *Henri Snakenburg*, le plus exact de tous ; mais l'Editeur l'a conféré avec les Manuscrits du Roi. L'impression en est très-soignée. Les ornements de la Gravure consistent en un frontispice, un cul de lampe & une vignette, tous sujets relatifs à l'Histoire d'Alexandre, & gravés sur les dessins de M. *Eisen*. On trouve à la fin du volume le Catalogue des principales éditions de Q. Curce.

C. Cornelii Taciti quæ exstant Opera, *recensuit J. N. Lallemand.* 1760. (3 vol.) Cette édition ne le céde point à celle de Plaute. Le texte en est très-correct, & formé principalement sur la bonne édition d'*Ernest*. A la tête du premier volume, est le Tableau généalogique de la famille d'Auguste, par *Juste-Lipse*. Des notes sommaires sur tous les livres de Tacite, mises à la fin de chaque Tome, distinguent cette édition de toutes celles qui composent cette Collection, à l'exception du Phedre. Il y a aussi une Table des noms propres de lieux & de personnes. Chaque volume est orné d'un fron-

tispice & d'une vignette gravés d'après les deſſins de M. *Eiſen*.

*Juſtini Hiſtoriarum ex Trogo Pompeio Libri
XLIV*. 1770. Un homme de Lettres, recom-
mandable par ſon goût & par la place qu'il
occupe, a bien voulu ſe charger de revoir
l'édition de Juſtin que nous donnons aujour-
d'hui. Il a reconnu que de toutes les éditions
de cet Auteur, la meilleure eſt celle que *Fiſ-
cherus* donna en 1737 à Léipſik; on l'a priſe
pour modele de celle-ci. On y a corrigé quelques fautes échappées au ſavant Allemand;
on a fait paſſer dans le Texte pluſieurs leçons
excellentes qu'on a puiſées & dans les manuſcrits de la Bibliothéque du Roi & dans la plus
ancienne édition de Juſtin. On a rectifié avec
beaucoup de ſoin la ponctuation qui étoit dé-
fectueuſe en bien des endroits; toutes ces corrections font diſparoître preſque toutes les dif-
ficultés qui embarraſſoient le Texte de Juſtin.
On trouve après l'avis au lecteur, l'explication
de la belle Eſtampe qui accompagne cette édition.

*Titi Livii Patavini Hiſtoriarum ab urbe
condita Libri qui ſuperſunt*. (7 vol.) 1775.
M. l'Abbé Lallemand en eſt l'Editeur. L'ac-
cœuil favorable que le Public a fait au Tacite,
au Cicéron, & au Pline le jeune, donnés par
ce Savant, étoit un bon garant du ſuccès de
ſon travail ſur Tite Live. Il a pris pour baſe de
ſon édition celles de MM. Crevier & Drakem-
borch. On ſait que ces deux Savants avoient lu
& diſcuté avec le plus grand ſoin les manuſcrits & les meilleures éditions de leur Auteur.
Le premier Volume orné d'un très-beau Por-
trait de Tite-Live, contient encore un Avertiſ-

ſement curieux, dans lequel M. Lallemand apprécie ſans partialité le travail de ceux qui ont
donné des éditions de ce Prince des Hiſtoriens.
Cet Avertiſſement eſt ſuivi de l'excellente Préface de M. Crevier. Aux trois Fragments de
Tite-Live deja connus, on a ajouté celui qui
fut découvert à Rome en 1772. M. Lallemand
rend compte en peu de mots de ſes changements & de ſes corrections à la fin de chaque
Volume qui eſt terminé par une bonne Table
Alphabétique des Matieres. On trouvera dans
le dernier Volume les Sommaires des Livres
perdus, & un ample *Index* des Sentences contenues dans tout l'Ouvrage. L'Editeur auſſi modeſte que ſavant, s'eſt aſſocié pour la lecture
des épreuves, une perſonne connue par ſon
exactitude, en ſorte que l'on peut aſſurer que
les gens de Lettres trouveront dans cet Ouvrage
la même correction que dans les autres donnés
par M. Lallemand.

LES ORATEURS, PHILOSOPHES, &c.

*Selecta Senecæ Philoſophi Opera, in Gallicum
verſa, operâ & ſtudio P. F. X. D.* 1761. (1 vol.)
Les ouvrages que contient ce volume, ſont le
Traité de la Briéveté de la Vie ; celui de la
Providence ; l'Epître 88e de Sénéque qui roule
ſur les ſept Arts libéraux, & huit lettres du
même à Lucilius. Ces morceaux ſont ſuivis de
la Traduction françoiſe, avec des Rémarques. (4 liv.)

*Senecæ de beneficiis & de clementia excerpta in
gallicum converſa,* 1776. (1. vol.) Ces deux
extraits ou analyſes des traités de Sénèque ſont
précédés d'une vie ample & raiſonnée de ce

Philosophe, tirée de ses ouvrages, de Tacite Suétone, Pline, Quintilien, Plutarque, &c. Elle est suivie d'un abrégé de la vie & des ouvrages de Sénèque le pere. Ces deux Vies sont intéressants par les recherches, la critique, l'érudition bien ménagée que l'Auteur y a répandue. On a joint au texte latin la traduction avec des notes. [4 *l.*]

M. Tullii Ciceronis Opera omnia, recensuit Lallemand. (14 vol.) 1768. M. Lallemand, ancien Professeur de l'Université de Paris, qui avoit déja enrichi notre collection du Tacite en 3 vol. est l'éditeur de cette nouvelle Edition de l'Orateur Romain. Ce Savant pour donner le texte le plus correct, après avoir consulté les meilleures Editions, a conféré sur Cicéron quinze manuscrits de la Bibliothèque du Roi ; les notes qu'il a placées à la fin de chaque volume font voir les secours qu'il en a tirés. On trouve aussi dans ces notes l'explication des passages & des mots Grecs employés par Cicéron.

Chaque Ouvrage & même chaque Lettre a son Sommaire, qui en indique le sujet & la matiere. Pour la commodité des Savants, à la division de Gruter il a eu soin d'ajouter celle de Nizolius. La premiere est marquée par des chiffres Romains, la seconde par des chiffres Arabes. A la fin du dernier volume est un petit Dictionnaire qui renferme l'explication des expressions rares ou des termes qui ont différents sens, suivant leur différente construction. Enfin, le savant éditeur, pour rendre son travail le plus exact qu'il étoit possible, s'est fait aider pour la lecture des épreuves par un homme de lettres. Par ce moyen chaque épreuve a été relue au moins quatre fois.

C. Plinii Cæcilii Secundi Epiſtolæ & Panegyri-cus Trajano dictus, recenſuit Lallemand. 1769. (1 vol.) C'eſt encore aux veilles de M. Lallemand que l'on doit cet Ouvrage. Il en avoit déja donné une édition ; mais celle - ci eſt de beaucoup ſupérieure à la première ; puiſqu'il l'a revue ſur ſix manuſcrits de la Bibliotheque du Roi, & ſur les meilleures éditions. On a apporté à la lecture des épreuves le même ſoin que pour le Cicéron, & cette édition eſt auſſi correcte qu'élégante. Après les Lettres & le Panégyrique, on trouve l'explication des mots Grecs; il y a enſuite des notes dans leſquelles le ſavant Editeur rend compte de ſon travail, & explique les endroits difficiles. [4 *l.*]

Deſiderii Eraſmi & Thomæ Mori Joco-ſeria, id eſt, *Encomium Moriæ* ; *Deſiderii Eraſmi De-clamatio, editio caſtigatiſſima.* 1765. 1777. *De optimo Reipublicæ ſtatu, deque novâ Inſulâ Uto-piâ libri duo, Auctore Thoma Moro, Angliæ Can-cellario.* 1777. (1 vol.) On ne pouvoit réunir enſemble deux Ouvrages contemporains mieux aſſortis tant par cet endroit que par l'étroite liaiſon qu'il y eut entre les deux Auteurs. La nouvelle Edition du premier (*de l'Eloge de la Folie*) eſt entiérement conforme à celle de 1765. Quant à l'Utopie de Th. Morus, ſi défigurée dans la traduction de *Gueudeville*, l'Edition Latine de cet Ouvrage la plus récente dont nous ayons connoiſſance, étoit celle des Freres *Foulis* (Glaſgow, 1751.) qui n'eſt même plus fort commune ici. L'Editeur de ces deux Ouvrages (M. D. Q.) par les Notes qu'il y a ſemées, quoiqu'avec ſon économie ordinaire, & par la ſeule correction qui répand tant de jour dans les anciens écrits, les a mis à la portée de tout le monde. Le premier eſt trop connu, pour en rien dire ; le ſecond gagnera ſûrement à l'être mieux, & c'eſt dans le texte original qu'il faut le lire, pour le connoître.

Caii Plinii Secundi Hiſtoriæ Naturalis Libri XXXVII, quos recenſuit & Notis illuſtravit Gabriel Brotier. 1779. (6 vol.) M. l'Abbé Brotier connu ſi avantageuſement par une excellente Edition de Tacite, s'eſt chargé de celle-ci. Revue ſur pluſieurs Manuſcrits, ſur la premiere Edition qui n'avoit pas encore été conſultée, & ſur quantité de monumens antiques, elle préſentera plus de 2000 corrections, qui avoient échappé aux recherches ſavantes du P. Hardouin. Le premier & le plus brillant Hiſtorien de la Nature paroîtra, non-ſeulement dans le format le plus commode, mais le Lecteur aura encore le plaiſir de voir continuellement les connoiſſances anciennes rapprochées de nos connoiſſances actuelles, & de juger de nos pertes & de nos avantages, tant dans l'Hiſtoire Naturelle que dans les Arts. Une Vie nouvelle de Pline fera connoître ſon génie & ſes travaux. Le Frontiſpice, du deſſin de M. Marillier, repréſente cet illuſtre Amateur de la Nature mourant au pied du Véſuve.

Le prix de ces Auteurs (qui forment aujourd'hui 65. *vol.*) reliés en veau, dorés ſur tranche avec filets d'or, eſt de 378 l. & chaque Volume ſéparément ſe vend 6 *livres.*

Il y a des Exemplaires en papier de Hollande.